Impressum
Verlag: BABADADA GmbH, Nedderfeld 112 , 22529 Hamburg
Geschäftsführer / Verlagsleitung: Harald Hof
Druck: Books on Demand GmbH, In de Tarpen 42, 22848 Norderstedt

Imprint
Publisher: BABADADA GmbH, Nedderfeld 112 , 22529 Hamburg, Germany
Managing Director / Publishing direction: Harald Hof
Print: Books on Demand GmbH, In de Tarpen 42, 22848 Norderstedt

l'école

dugsi

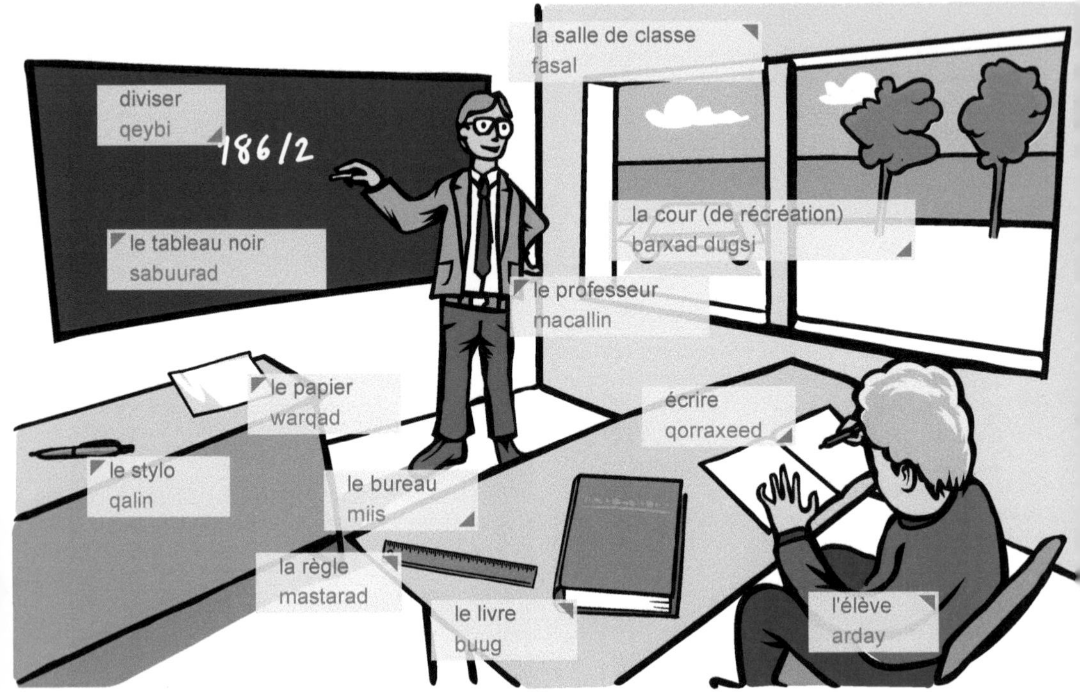
la salle de classe
fasal
diviser
qeybi
186/2
le tableau noir
sabuurad
la cour (de récréation)
barxad dugsi
le professeur
macallin
le papier
warqad
écrire
qorraxeed
le stylo
qalin
le bureau
miis
la règle
mastarad
le livre
buug
l'élève
arday

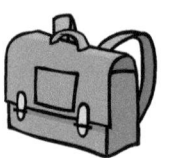

le cartable

boorso

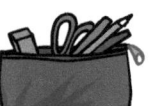

la trousse

kiis qalin-qori

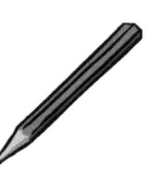

le crayon

qalin-qori

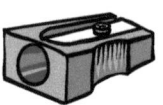

le taille-crayon

koobka qalin qor

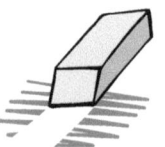

la gomme

titirre

le carnet à dessin

buugga sawirka

le dessin

sawirid

le pinceau

burushka midabaynta

la boîte de peinture

gasaca midabaynta

les ciseaux

maqasyo

la colle

koollo

le cahier d'exercices

buug qoraal

les devoirs

shaqo-guri

12

le chiffre

lambar

2+2

additionner

ku dar

5-2

soustraire

ka jar

2×2

multiplier

ku dhufo

calculer

xisaabi

la lettre

warqad

l'alphabet

alifbeeto

le mot

erey

le texte

qoraal

lire

akhri

la craie

jeesto

la leçon

cahsar

le livre de classe

diiwaan

l'examen

imtixaan

le certificat

shahaado

l'uniforme scolaire

direes dugsi

la formation

waxbarasho

le lexique

diwaan mowduuceed

l'université

jaamacad

le microscope

mayskariskoob

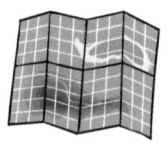

la carte

khariidad

la corbeille à papier

haan qashin-gur

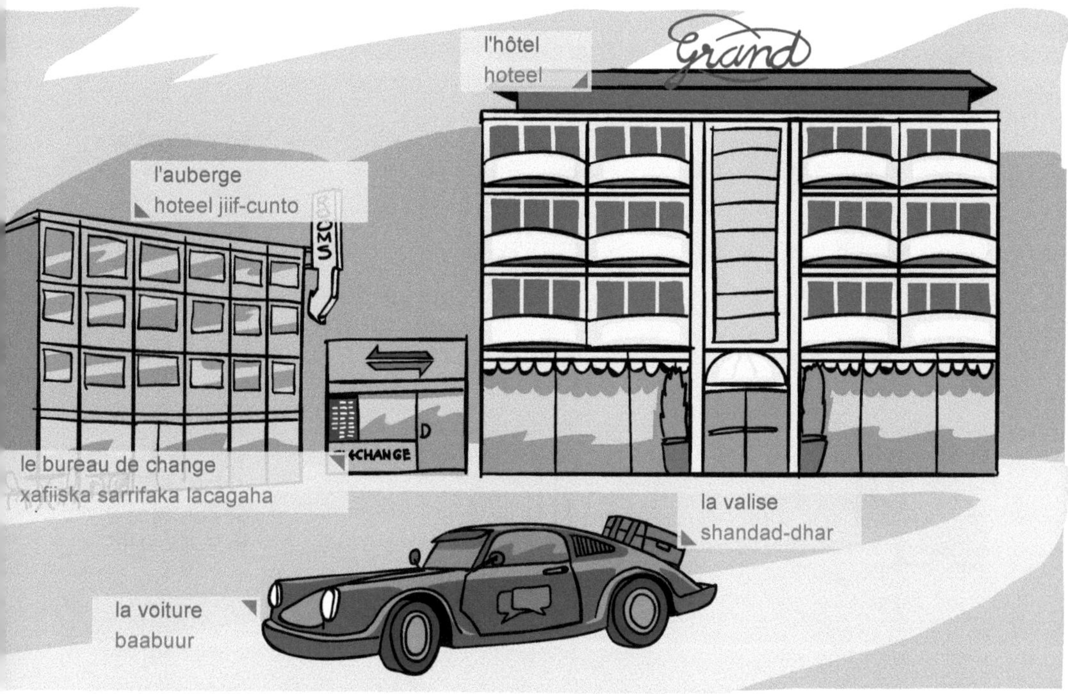

l'hôtel
hoteel
Grand
l'auberge
hoteel jiif-cunto
ROOMS
le bureau de change
xafiiska sarrifaka lacagaha
CHANGE
la valise
shandad-dhar
la voiture
baabuur

la langue

luuqad

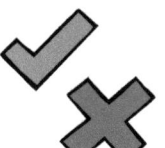

oui / non

haa / maya

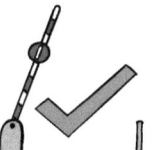

d'accord

Hagaag

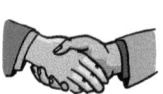

Salut

nabad miyaa

l'interprète

turjumaan

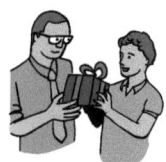

merci

Waad mahadsan tahay

Combien coûte...?

waa immisa...?

Je ne comprends pas

ma aanan fahamin

le problème

dhibaato

Bonsoir !

galab wanaagsan!

Bonjour !

subax wanaagsan!

Bonne nuit !

habeen wanaagsan!

Au revoir

nabad gelyo

la direction

jiho

les bagages

alaabo

le sac

boorso

le sac-à-dos

boorso-dhabar

l'hôte

marti

la pièce

qol

le sac de couchage

katiifad

la tente

teendho

l'office de tourisme

xog dalxiis

la plage

xeebta

la carte de crédit

kaar amaah

le petit-déjeuner

quraac

le déjeuner

qado

le dîner

casho

le billet

rasiid

l'ascenseur

wiish

le timbre

tiimbare

la frontière

xuduud

la douane

qeybta-canshuur-bixinta

l'ambassade

safaarad

le visa

dal ku gal

le passeport

baasaboor

le transport
gaadiid

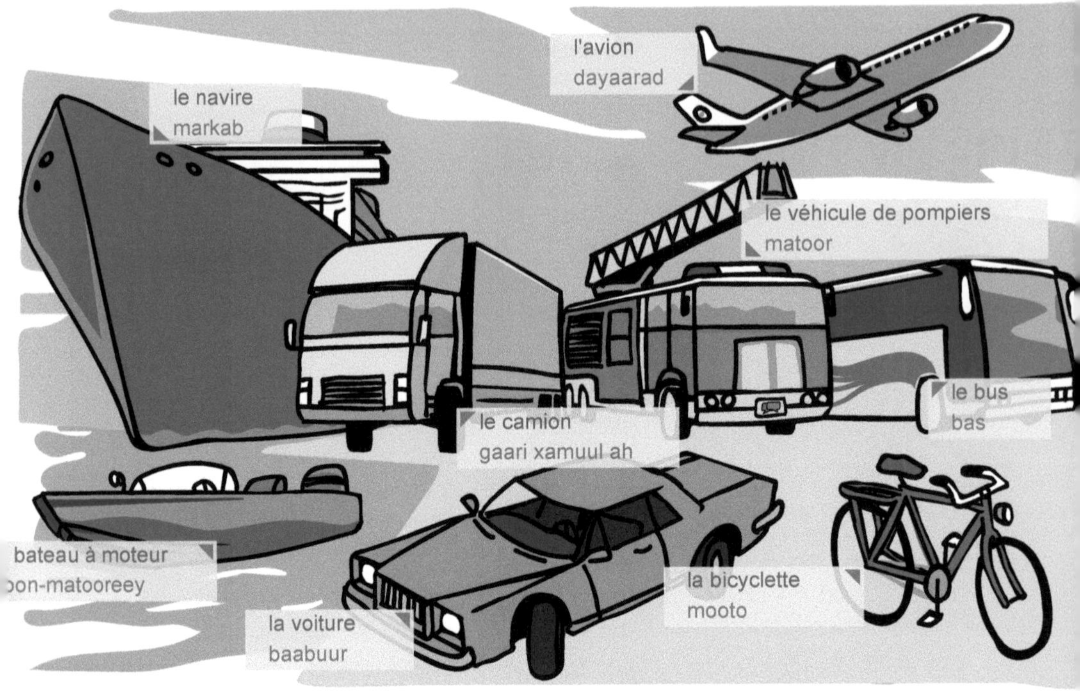
l'avion
dayaarad
le navire
markab
le véhicule de pompiers
matoor
le bus
bas
le camion
gaari xamuul ah
bateau à moteur
oon-matooreey
la bicyclette
mooto
la voiture
baabuur

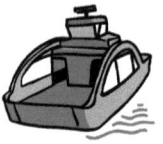

le ferry
doon

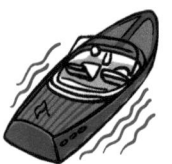

la barque
doonnida

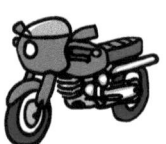

la moto
mooto

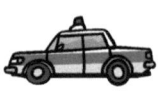

la voiture de police
baabuur booliis

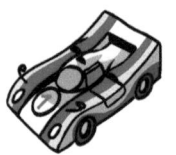

la voiture de course
baabuur baratan

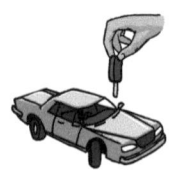

la voiture de location
baabuur la-kiraysto

l'auto-partage

gaadiid-wadaag

la voiture de remorquage

wiishle

la benne à ordures

gaari qashin-gure

le moteur

matoor

l'essence

shidaal

la station d'essence

ajib

le panneau indicateur

calaamad taraafiko

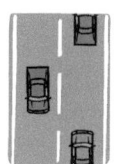

le trafic

taraafiko

l'embouteillage

jaam baabuur

le parking

baarkin-baabuur

la gare

boosteejo tareen

les rails

waddo-tareen

le train

tareen

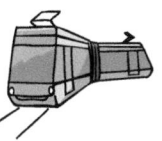

le tramway

taraam

le wagon

gaari faras

l'hélicoptère

helikobtar

l'aéroport

garoonka dayuuradaha

la tour

manaarad

le passager

rakaab

le conteneur

weel

le carton

kartoon

le chariot

gaari faras

la corbeille

dambiil

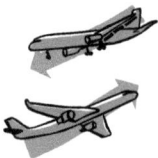

décoller / atterrir

kicid / degis

la ville

magaalo

le village

tuulo

le centre-ville

faras magaale

la maison

guri

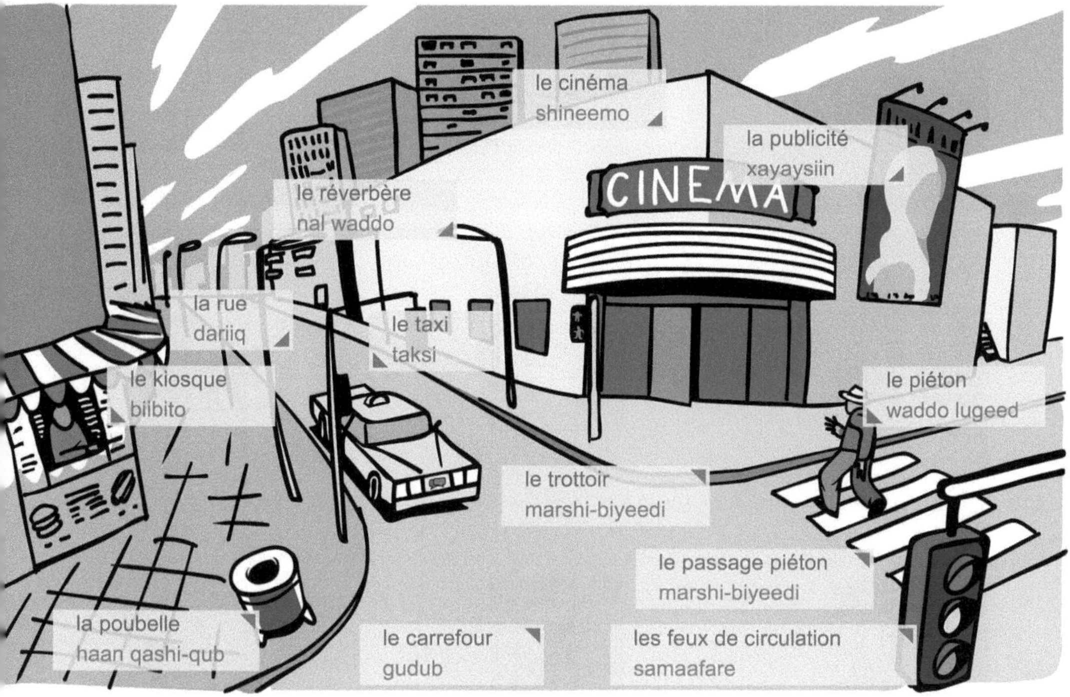

le cinéma
shineemo

la publicité
xayaysiin

le réverbère
nal waddo

CINEMA

la rue
dariiq

le taxi
taksi

le kiosque
biibito

le piéton
waddo lugeed

le trottoir
marshi-biyeedi

le passage piéton
marshi-biyeedi

la poubelle
haan qashi-qub

le carrefour
gudub

les feux de circulation
samaafare

la cabane

mundul

l'appartement

dabaq

la gare

boosteejo tareen

la mairie

xarunta dowladda-hoose

le musée

matxaf

l'école

dugsi

l'université

jaamacad

la banque

bangi

l'hôpital

isbitaal

l'hôtel

hoteel

la pharmacie

farmasi

le bureau

xafiis

la librairie

buug shoob

le magasin

dukaan

le fleuriste

dukaan ubax

le supermarché

carwo

le marché

suuq

le grand magasin

suuq weyne

la poissonnerie

kalluun-iibshe

le centre commercial

suuq

le port

furdo

le parc

jardiino

la banque

kursi

le pont

buundo

les escaliers

jaraanjaro

le métro

waddo-tareen-hoosaad

le tunnel

waddo-dhul hoose

l'arrêt de bus

boosteejo

le bar

baar

le restaurant

makhaayad

la boîte à lettres

sanduuq boosto

le panneau indicateur

calaamad waddo

le parcmètre

joogid-cabbire

le zoo

beer-xayawaan

le réverbère

barkad dabbaalasho

la mosquée

masaajid

la ferme
beer

la pollution
naqas

la cimetière
qabuuro

l'église
kaniisad

l'aire de jeux
garoon

le temple
macbad

le paysage
muqaal-dhireed

la feuille
caleen

le panneau indicateur
calaamad-waddo

le chemin
waddo

le pré
seere

la pierre
dhagax

l'arbre
geed

le randonneur
buur korre

la rivière
webi

l'herbe
caws

la fleur
ubax

la vallée

dooxo

la montagne

buur

le lac

laag

la forêt

kayn

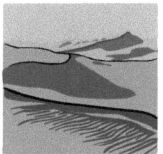

le désert

saxare

le volcan

foolkaano

le château

qasri

l'arc-en-ciel

qaanso-roobaad

le champignon

barkin-waraabe

le palmier

geed timireed

le moustique

kaneeco

la mouche

duqsi

les fourmis

qoraanjo

l'abeille

shinni

l'araignée

caaro

le coléoptère

dameer-duudeey

la grenouille

rah

l'écureuil

dabagaalle

le hérisson

kashiito

le lièvre

dabagaalle

la chouette

guumeys

l'oiseau

shimbir

le cygne

boolo-boolo

le sanglier

doofaar-jilibeey

le cerf

deero

l'élan

faras-duur

le barrage

biyo-xireen

l'éolienne

tamar-dhaliye

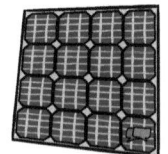

le panneau solaire

soollar

le climat

cimilo

le restaurant

makhaayad

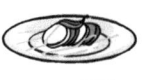

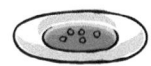

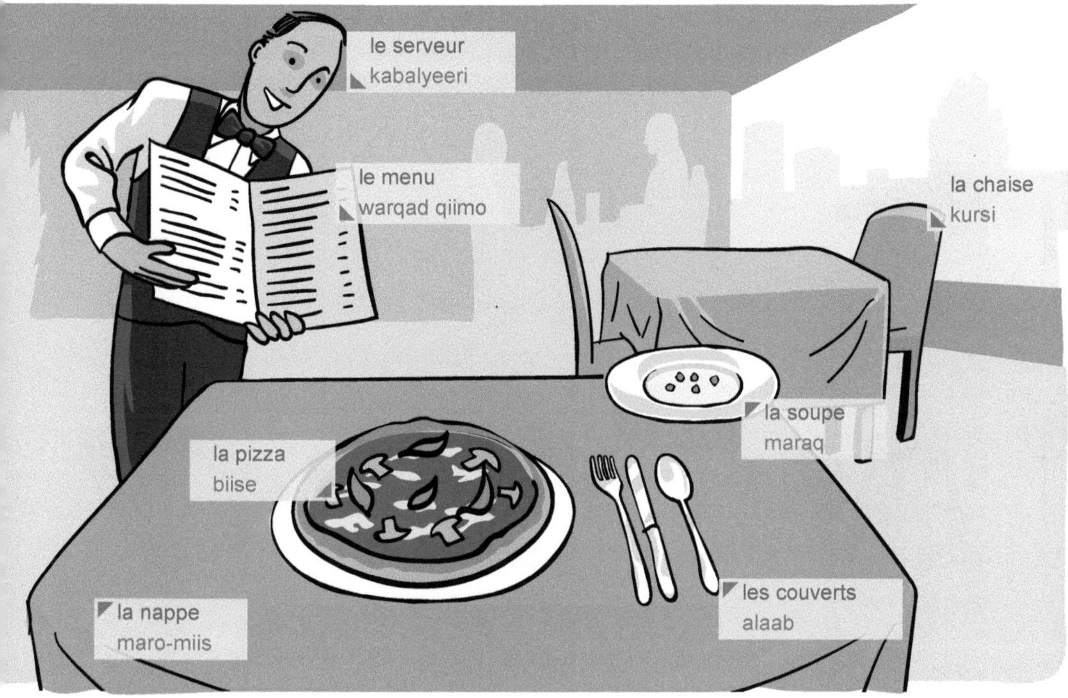
le serveur
kabalyeeri
le menu
warqad qiimo
la chaise
kursi
la soupe
maraq
la pizza
biise
les couverts
alaab
la nappe
maro-miis

les hors d'œuvre

af-billow

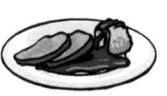

le plat principal

cunto bariimo

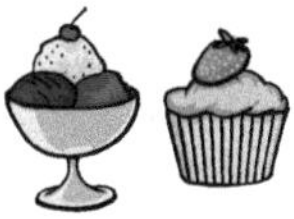

le dessert

macmacaan

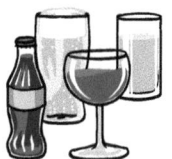

les boissons

cabitaan

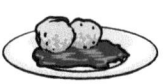

l'alimentation

cunto

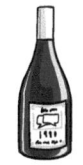

la bouteille

dhalo

le fast-food

cunto diyaarsan

les plats à emporter

cunto-waddo

la théière

jalmad shaah

le sucrier

weelka sonkorta

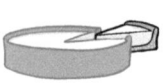

la portion

qayb

la machine à expresso

mashiinka isbareesada

la chaise haute

kursi dheer

la facture

biil

le plateau

tereey

le couteau

mindi

la fourchette

fargeeto

la cuillère

qaaddo

la cuillère à thé

malqacad-shaah

la serviette

shukumaan miis

le verre

galaas

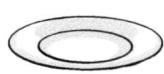

l'assiette
saxan

l'assiette à soupe
saxanka maraqa

la soucoupe
saxan

la sauce
suugo

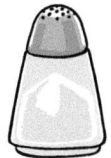

la salière
weelka cusbada

le moulin à poivre
basbaas shiide

le vinaigre
fixiye

l'huile
saliid

les épices
dhandhanaan

le ketchup
suugo

la moutarde
mastaard

la mayonnaise
mayoonees

le supermarché

carwo

l'offre promotionnelle
qiima dhimis qaas ah
FOR
le client
macmiil
les produits laitiers
caano
les fruits
miro
le chariot
gaariga adeega

BUTCHERS

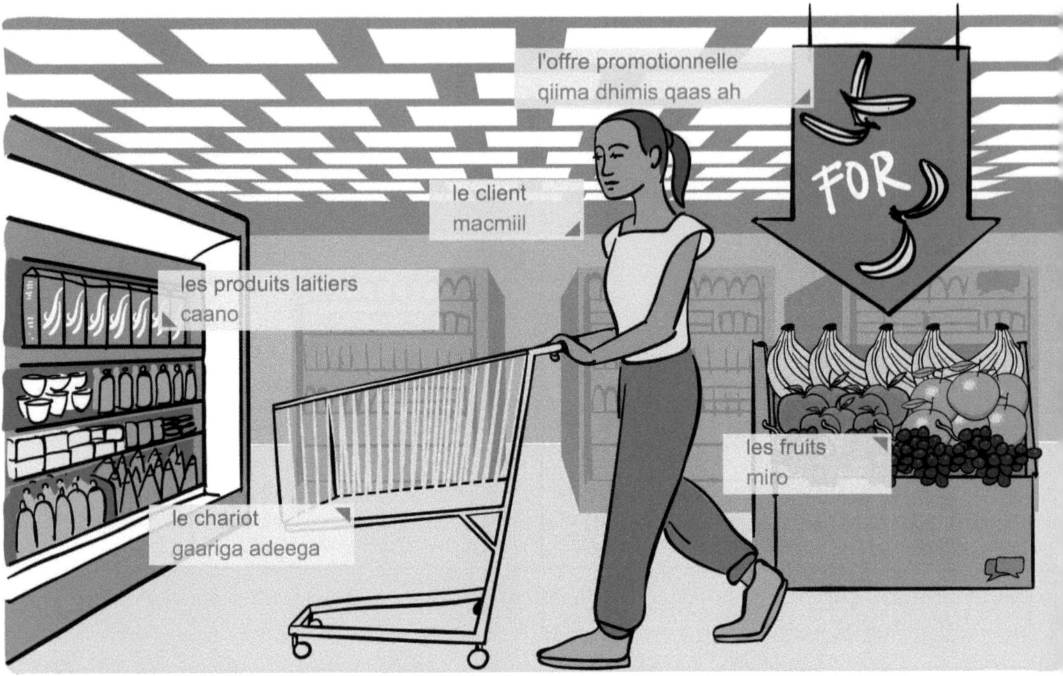

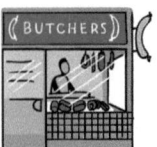

la boucherie

kawaan

BAKERY

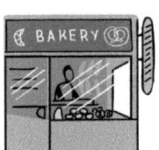

la boulangerie

foorno

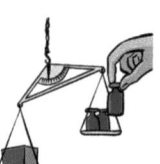

peser

cabbir

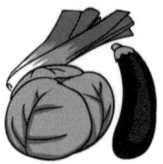

les légumes

khudaar

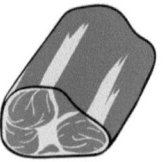

la viande

hilib

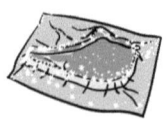

les aliments surgelés

cunto la qaboojiyay

la charcuterie

hilibka qadada

les conserves

cunto gasacadeysan

la poudre à lessive

oomo

les bonbons

macmacaan

les articles ménagers

alaabada guri

les détergents

alaabo nadaafad

la vendeuse

iibshe

la caisse

diiwaan lacagta

le caissier

qasnaji

la liste d'achats

liis adeeg

les heures d'ouverture

saacadaha shaqo

le portefeuille

shandada jeebka

la carte de crédit

kaar amaah

le sac

bac

le sac en plastique

bac

l'eau
....
biyo

le jus de fruit
....
casiir

le lait
....
caano

le coca
....
kooka-kola

le vin
....
khamri

la bière
....
biir

l'alcool
....
khamri

le chocolat chaud
....
kooke

le thé
....
shaah

le café
....
kafee

l'expresso
....
isberesso

le cappuccino
....
koobishiin

la banane

muus

la pomme

tufaax

l'orange

liin-bambeelmo

le melon

qare

le citron.

liin

la carotte

karooto

l'ail

toon

le bambou

baambuu

l'oignon

basal

le champignon

barkin-waraabe

les noisettes

loos

les pâtes

baasto

les spaghetti

baasto

le riz

bariis

la salade

salar

les pommes frites

jibsi

les pommes de terre rôties

baradho shiilan

la pizza

biise

le hamburger

haambeegar

le sandwich

saanwij

l'escalope

hilib-jiir

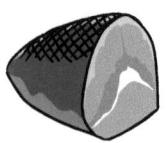

le jambon

hilib-doofaar

le salami

salami

la saucisse

sooseej

le poulet

hilib-digaag

le rôti

duban

le poisson

kalluun

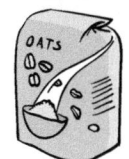

les flocons d'avoine

sareenta mashaarida

le muesli

quraac isku-dhafan

les cornflakes

daango

la farine

bur

le croissant

nooc rooti ah

les petits-pains

rooti

le pain

rooti

le pain grillé

rooti-la-kulluleeyey

les biscuits

buskud

le beurre

subag

le fromage blanc

hanti

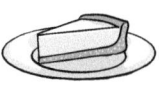

le gâteau

doolsho

l'œuf

ukun

l'œuf au plat

ukun shiilan

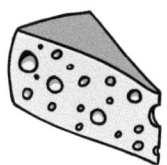

le fromage

burcad

la glace

jalaato

le sucre

sonkor

le miel

malab

la confiture

malmalaado

la crème nougat

labeen macmacaan

le curry

suugo

la ferme
beer

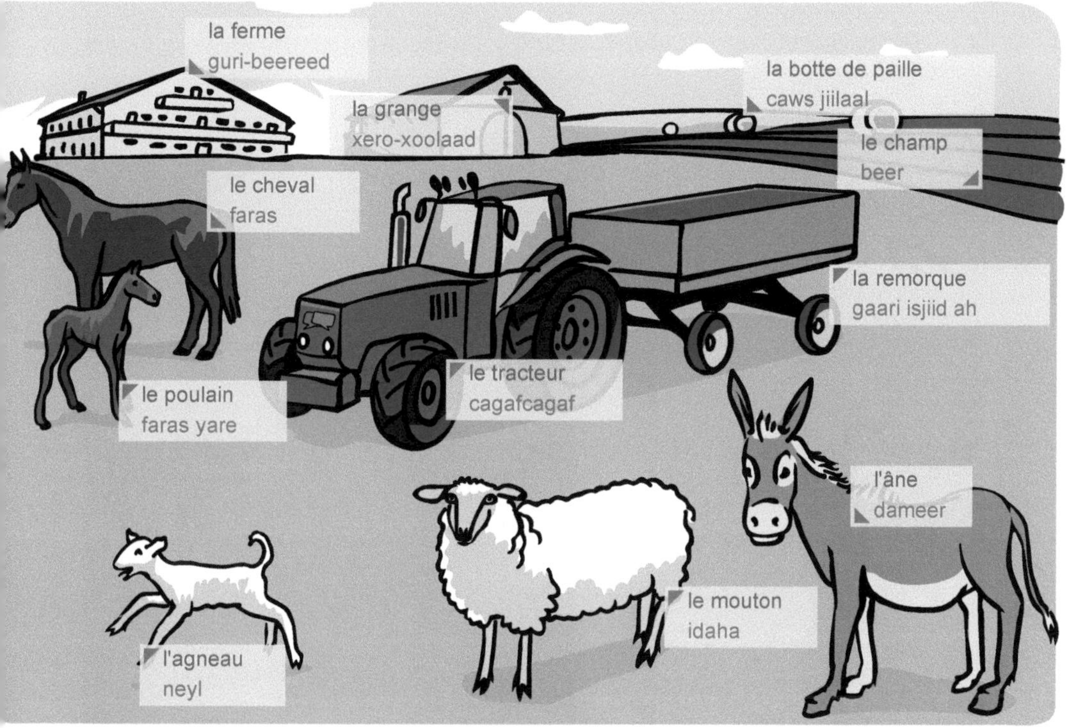
la ferme
guri-beereed
la grange
xero-xoolaad
la botte de paille
caws jiilaal
le champ
beer
le cheval
faras
la remorque
gaari isjiid ah
le tracteur
cagafcagaf
le poulain
faras yare
l'âne
dameer
le mouton
idaha
l'agneau
neyl

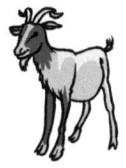

la chèvre
ri'

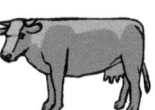

la vache
sac

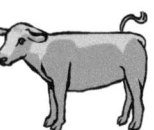

le veau
weyl

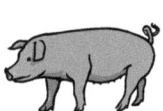

le porc
doofaar

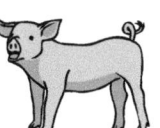

le porcelet
dhal doofaar

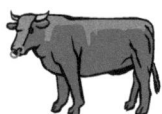

le taureau
dibi

l'oie

bawaato lab

le canard

bawaato

le poussin

jiijiile

la poule

digaag

le coq

diiq

le rat

doolli

le chat

bisad

la souris

jiir

le bœuf

dibi

le chien

eey

le chenil

hoyga eeyga

le tuyau de jardin

tuubbo waraab

l'arrosoir

sakeelka waraabinta

la faucheuse

gudin

la charrue

carro-roge

la faucille

gudin

la pioche

yaambo

la fourche

fargeeto caws-beereed

la hache

faas

la brouette

gaari -gacan

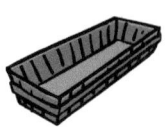

la cuve

dar

le pot à lait

dhalada caanaha

le sac

jawaan

la clôture

deer

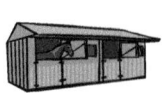

l'étable

xero xooleed

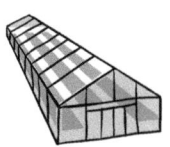

le serre

gur-biqlin-dhireed

le sol

ciidda

les semences

abuuka

l'engrais

bacrimiye

la moissonneuse-batteuse

cagafta beer-goynta

récolter

beer-goyn

la récolte

beer-gooyn

l'igname

moxog

le blé

sarreen

le soja

soya

la pomme de terre

baradho

le maïs

galley

le colza

geed-saliideed

l'arbre fruitier

geed mirood

le manioc

moxog

les céréales

firiley

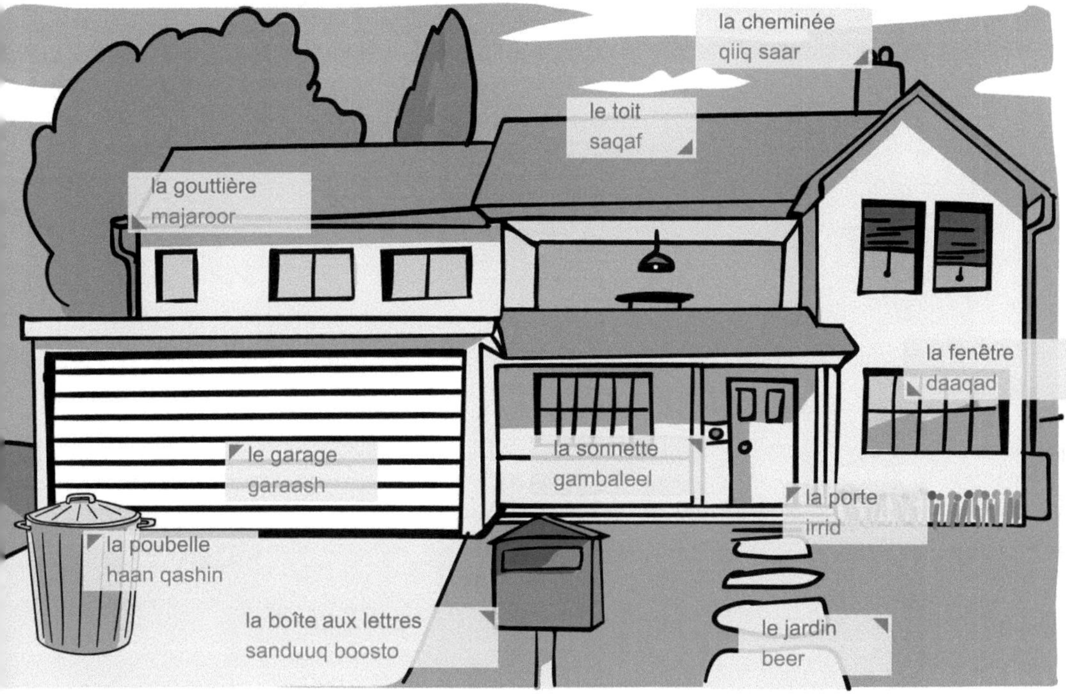

la cheminée
qiiq saar

le toit
saqaf

la gouttière
majaroor

la fenêtre
daaqad

le garage
garaash

la sonnette
gambaleel

la porte
irrid

la poubelle
haan qashin

la boîte aux lettres
sanduuq boosto

le jardin
beer

le salon
qol jiib

la salle de bain
musqul-qubeys

la cuisine
jiko

la chambre à coucher
qolka jiifka

la chambre d'enfant
qolka ilmaha

la salle à manger
qolka cuntada

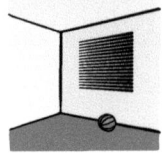

le sol

sagxad

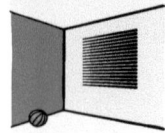

le mur

derbi

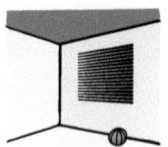

le plafond

saqaf

la cave

makhaasiin

le sauna

soona

le balcon

balakoon

la terrasse

daarad

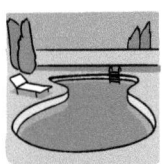

la piscine

barkad

la tondeuse à gazon

caws-jare

la housse

buste

la couette

go'

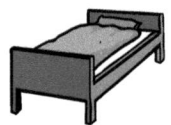

le lit

sariir

le balai

xaaqin

le sceau

baaldi

l'interrupteur

daare-damiye

le salon
qol jiib

le papier peint
sharaaxd-derbi
l'image
sawir
la lampe
feynuus
l'étagère
qaanad
l'armoire
armaajo
la télé
telefiishan
la cheminée
dab-shid
la fleur
ubax
le coussin
barkin
le sofa
fadhi-carbeed
le vase
dheri-ubax
la télécommande
rimuud

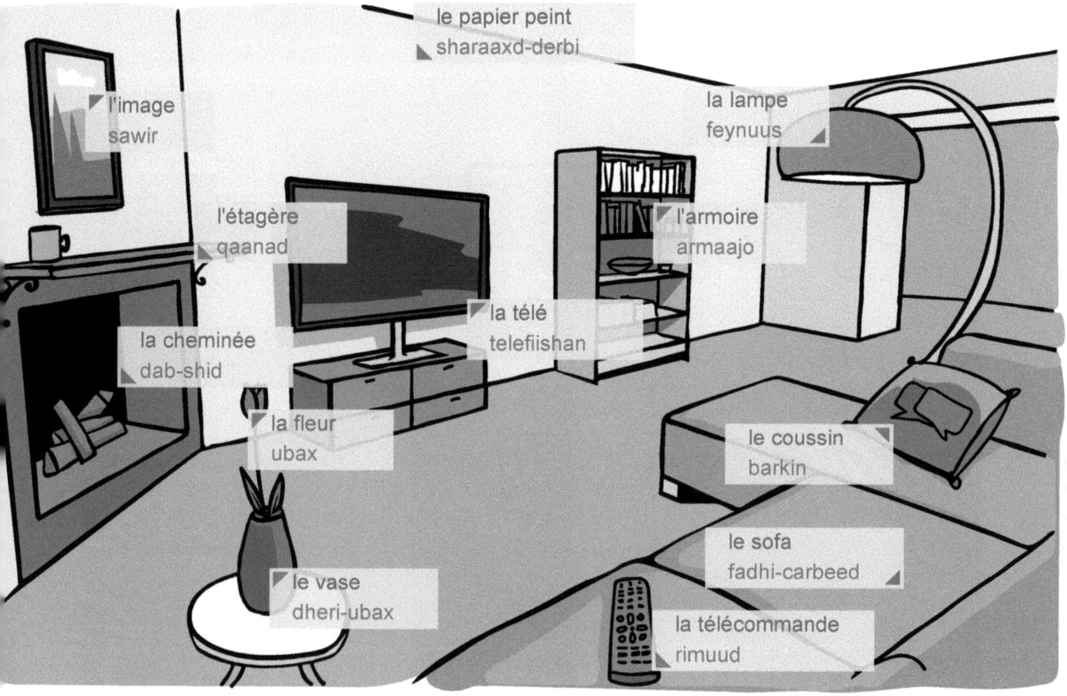

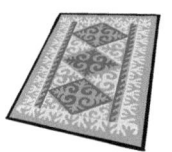

le tapis

roog

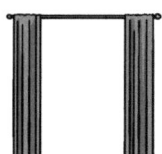

le rideau

daah

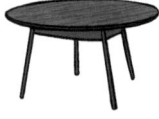

la table

miis

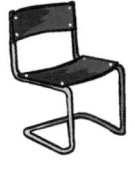

la chaise

kursi

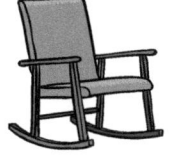

la chaise à bascule

kursi wareega

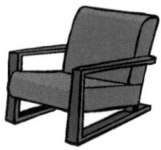

le fauteuil

kursi fadhi

le livre

buug

la couverture

buste

la décoration

qurxin

le bois de chauffage

xaabo

le film

filin

la chaîne hi-fi

cod-baahiye

la clé

fure

le journal

wargeys

la peinture

rinjiyeyn

le poster

tabeelo

la radio

raadiye

le bloc-notes

xusuus-qor

l'aspirateur

huufar

le cactus

tiitiin

la bougie

shumac

la cuisine
jiko

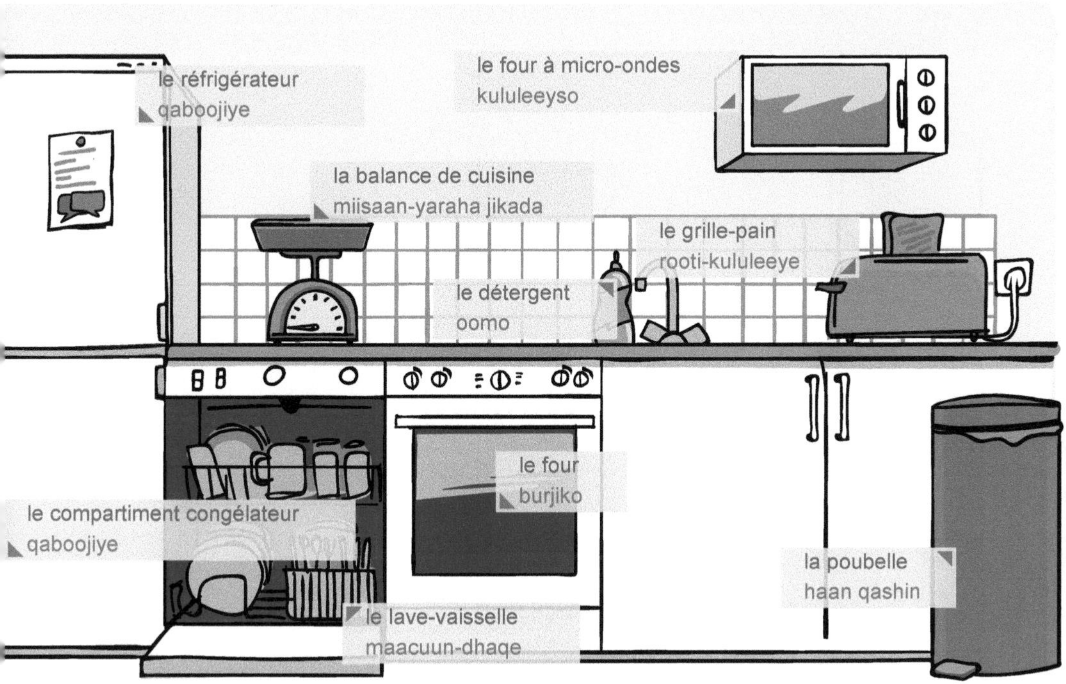
le réfrigérateur
qaboojiye
le four à micro-ondes
kululeeyso
la balance de cuisine
miisaan-yaraha jikada
le grille-pain
rooti-kululeeye
le détergent
oomo
le four
burjiko
le compartiment congélateur
qaboojiye
la poubelle
haan qashin
le lave-vaisselle
maacuun-dhaqe

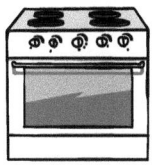

le four
kuuker

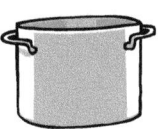

la casserole
dheri

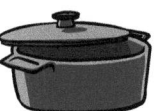

la marmite
birtaawo

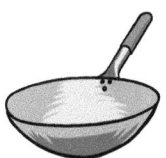

le wok / kadai
birtaawo

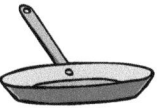

la poêle
birtaawo

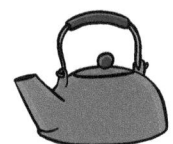

la bouilloire electrique
kirli

le cuiseur vapeur

uumiye

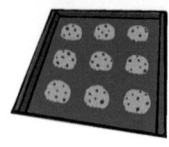

la plaque de cuisson

saxaarad dubista

la vaisselle

maacuun

le gobelet

bakeeri

la coupe

baaquli

les baguettes

qoryo wax lagu cuno

la louche

malqacad

la spatule

qaado

le fouet

folow

la passoire

miire

le tamis

shashaq

la râpe

qudaar-jare

le mortier

mooye

le barbecue

hilib-sol

la cheminée

dab

la planche à découper

alwaaxa wax-jar-jarka

le rouleau à pâtisserie

ul jabaati

le tire-bouchon

guf-saare

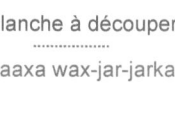

la boîte

gasac

l'ouvre-boîte

gasac-fure

les maniques

istaraasho-jiko

le lavabo

saxanka-alaab-dhaqa

la brosse

caday

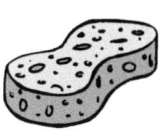

l'éponge

isbuunyo

le mixeur

shiide

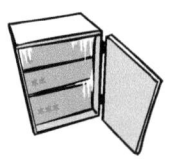

le congélateur

qaabojin qoto-dheer

le biberon

masaasad

le robinet

tuubbo

la salle de bain
musqul-qubeys

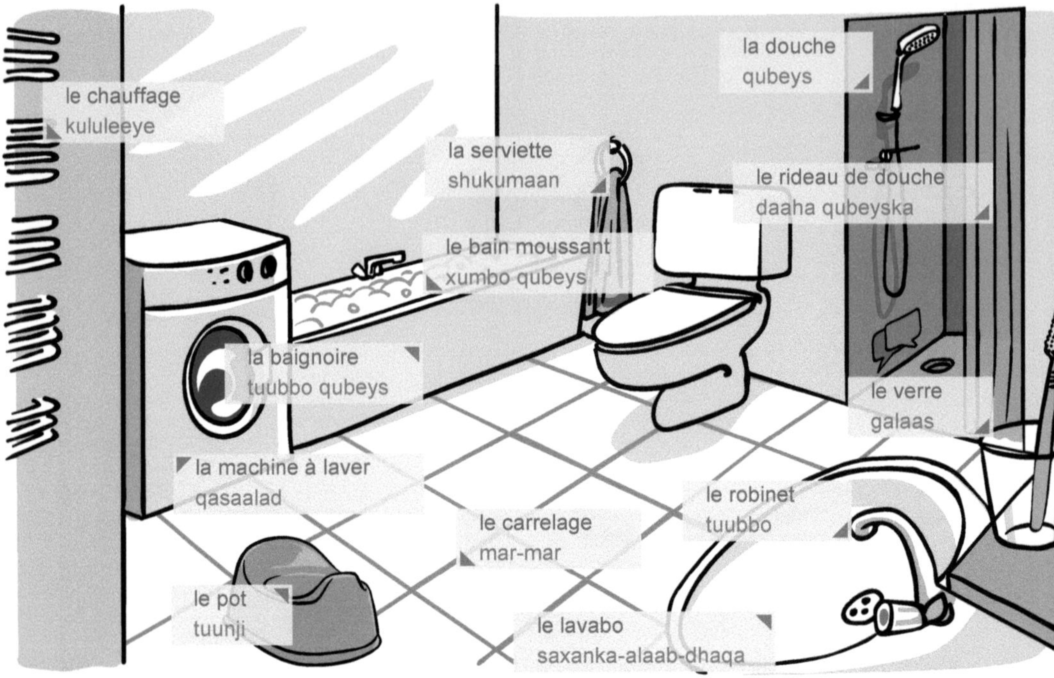

le chauffage
kululeeye

la douche
qubeys

la serviette
shukumaan

le rideau de douche
daaha qubeyska

le bain moussant
xumbo qubeys

la baignoire
tuubbo qubeys

le verre
galaas

la machine à laver
qasaalad

le robinet
tuubbo

le carrelage
mar-mar

le pot
tuunji

le lavabo
saxanka-alaab-dhaqa

les toilettes

musqul

la toilette à la turque

musqusha fadhiga

le bidet

siin

l'urinoir

weel kaadi

le papier toilette

tiish musqul

la brosse à toilette

burushka musqusha

la brosse à dents

caday

le dentifrice

daawo caday

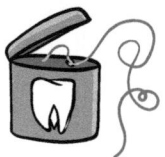

le fil dentaire

dunta ilka farashada

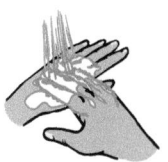

laver

dhaq

la douche manuelle

gacan qubeys

la douche intime

tuubo-musqul

la vasque

beeshin

la brosse dorsale

burush-qubeys

le savon

saabuun

le gel douche

shaambo

le shampooing

shaambo

le gant de toilette

cago-saar

l'écoulement

biyo-saare

la crème

kareem

le déodorant

carfiso

le miroir

muraayad

le miroir cosmétique

muraayad gacmeed

le rasoir

sakiin

la mousse à raser

xumbada xiirashada

l'après-rasage

daawo gar-xiir

la peigne

shanlo

la brosse

burush

le sèche-cheveux

fooneeye

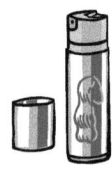

la laque pour cheveux

timo-buufis

le fond de teint

waji-qurxiye

le rouge à lèvres

rooseeto

le vernis à ongles

cidiyo-nadiifiye

l'ouate

dun

le coupe-ongles

cidiyo-jar

le parfum

baarafuun

la trousse de toilette

boorso-wajidhaq

le tabouret

saxaro

le pèse-personne

miisaan culays

le peignoir

dhar-qubeys

les gants de nettoyage

gacma gashi cinjir

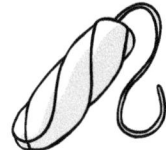

le tampon

tambooni

les serviettes hygiéniques

tiimshe

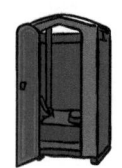

la toilette chimique

musqul kiimiko

la chambre d'enfant

qolka ilmaha

le réveil
saacadda dhawaaqda
le doudou
boombale caruur
la voiture jouet
baabuur caruureed
le hochet
sanqadh
la maison de poupée
guriga caruusada
le cadeau
hadiyad

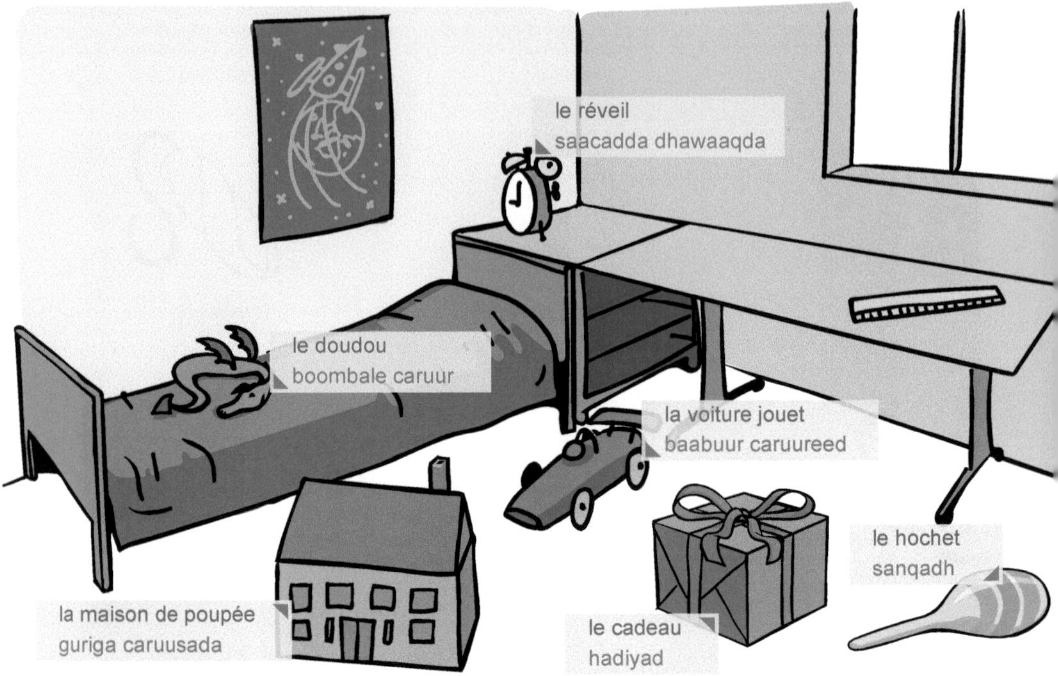

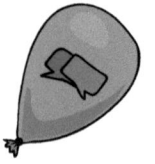

le ballon

buufin

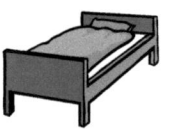

le lit

sariir

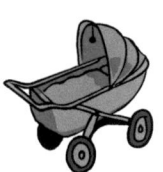

la poussette

gaariga caruurta

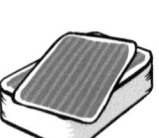

le jeu de cartes

turub

le puzzle

miinshaar

SUPER
MEGA

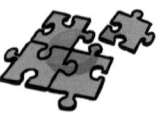

la bande dessinée

maad

les pièces lego

bulkeeti boombale ah

les blocs de construction

tooy

la figurine

sanam

la grenouillère

isku-jooga dhallaanka

le frisbee

aalad cayaar

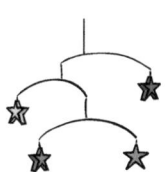

le mobile

moobaayl

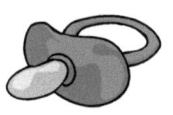

le jeu de société

khamaar

le dé

laadhuu

le train miniature

moodo tareen

la sucette

boombale

la fête

xaflad

le livre d'images

buug sawirro

la balle

kubbad

la poupée

boombale

jouer

cayaar

le bac à sable

dhoobo-dhoobeey

la balançoire

wiifoow

les jouets

alaab-alaabeey

la console de jeu

geemka gacanta laga hago

le tricycle

baaskiil

l'ours en peluche

boombale

l'armoire

armaajo dhar

les vêtements

dhar

les chaussettes

sigisaan

les bas

sigsaan haween

le collant

surwaal-dhuuqsan

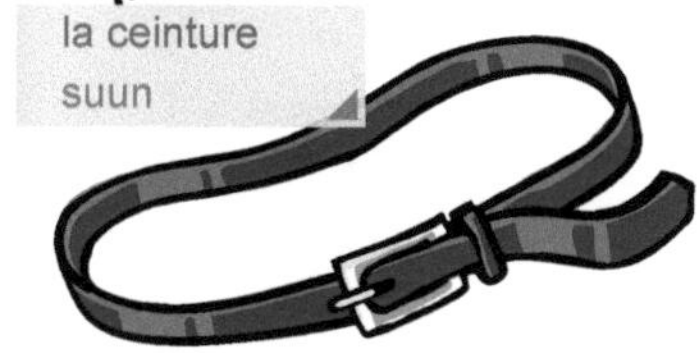

l'écharpe
masar

le parapluie
dallad

la ceinture
suun

le t-shirt
funaanad

les baskets
kabo tababar

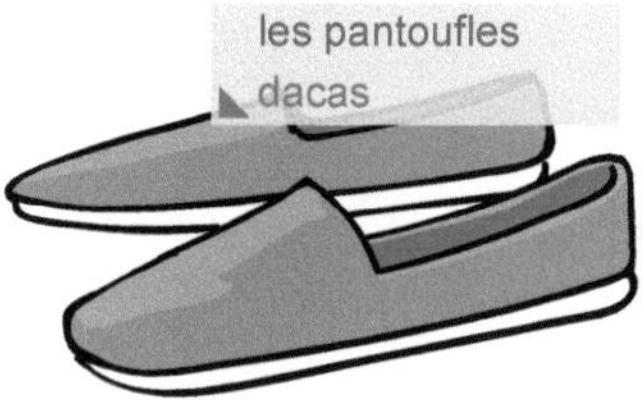

les bottes
kabo buud

les pantoufles
dacas

les sandales
saandalo

les chaussures
kabo

les bottes de caoutchouc
kabo roob

les sous-vêtements
hoos-gashi

le soutien-gorge
rajabeeto

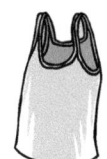

le maillot de corps
garan

les vêtements - dhar

le body
jir

le pantalon
surwaal

le jean
surwaal jeenis

la jupe
goono

le chemisier
canbuur

la chemise
shaati

le pull
funaanad-dhaxameed

le sweat à capuche
garan dhaxameed

la veste
jaakad fudud

la veste
jaakad

le manteau
koodh

l'imperméable
koodhka roobka

le costume
dhar-munaasabadeed

la robe
labbis

la robe de mariée
lebbis aroos

le costume

suut

la chemise de nuit

dhar-hurdo

le pyjama

bajaamo

le sari

saari

le foulard

masar

le turban

cimaamad

la burqa

cabaayad

le caftan

saako

l'abaya

cabaayad

le maillot de bain

dharka-dabaasha

le maillot de bain

dabo-gaabyo

le short

surwaal-dabagaab

la tenue d'entraînement

taraak-suut

le tablier

dufan-dhowr

les gants

gacmo gashi

le bouton

galluus

les lunettes

ookiyaale

le bracelet

jijin

le collier

silis

la bague

faraati

la boucle d'oreille

dhego dhego

le bonnet

koofiyo

le cintre

katabaan

le chapeau

koofiyad

la cravate

garabaati

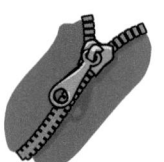

la fermeture éclair

jiinyeer

le casque

helmed

les bretelles

ilko-reeb

l'uniforme scolaire

direes dugsi

l'uniforme

direes

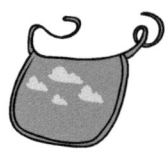

le bavoir

cayo-dhowr

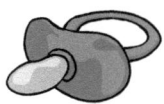

la sucette

boombale

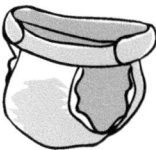

la lange

maro-dufeed

le bureau

xafiis

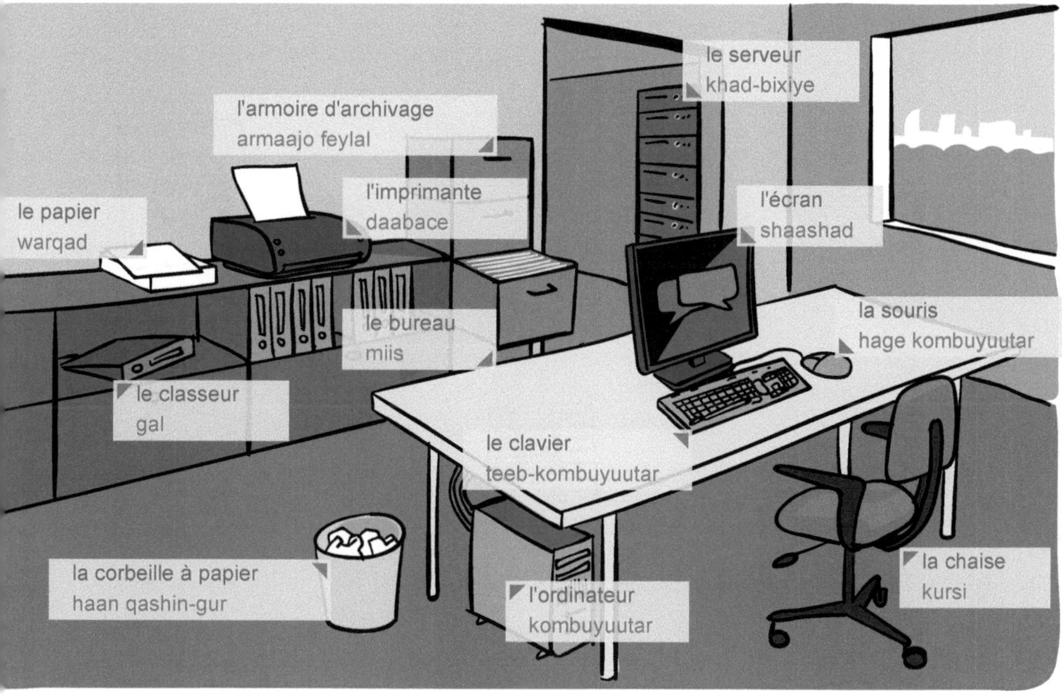
le serveur
khad-bixiye
l'armoire d'archivage
armaajo feylal
le papier
warqad
l'imprimante
daabace
l'écran
shaashad
la souris
hage kombuyuutar
le bureau
miis
le classeur
gal
le clavier
teeb-kombuyuutar
la corbeille à papier
haan qashin-gur
l'ordinateur
kombuyuutar
la chaise
kursi

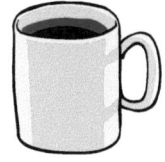

la tasse de café

koob kafee

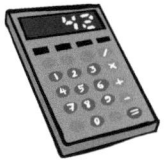

la calculatrice

kalkuleytar/xisaabiye

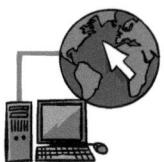

l'internet

internet

l'ordinateur portable

laabtoob

la lettre

bakhshad

le message

fariin

le portable

moobaayl

le réseau

shabakad-kombuyuutar

la photocopieuse

footokoobi

le logiciel

barnaamij-kombuyuutar

le téléphone

telefoon

la prise

god koronto

le fax

mishiinkan fax-ka

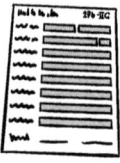

le formulaire

foomka

le document

dokumenti

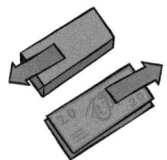

acheter

iibso

payer

bixi

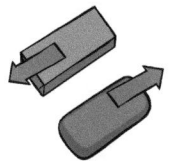

faire du commerce

ganacso

la monnaie

lacag

le dollar

doollar

l'euro

yuuro

le yen

yenka jabbaan

le rouble

robolka ruushka

le franc suisse

Franka iswiiska

le renminbi yuan

lacagta shiinaha

la roupie

rubiyada hindiga

le distributeur automatique

maqal

le bureau de change

xafiiska sarrifaka lacagaha

l'or

dahab

l'argent

qalin

le pétrole

shidaal

l'énergie

tamar

le prix

qiime

le contrat

qandaraas

la taxe

canshuur

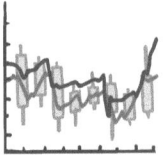

l'action

raasumaal

travailler

shaqee

l'employé

shaqaale

l'employeur

shaqaaleysiiye

l'usine

warshad

le magasin

dukaan

les professions
shaqooyin

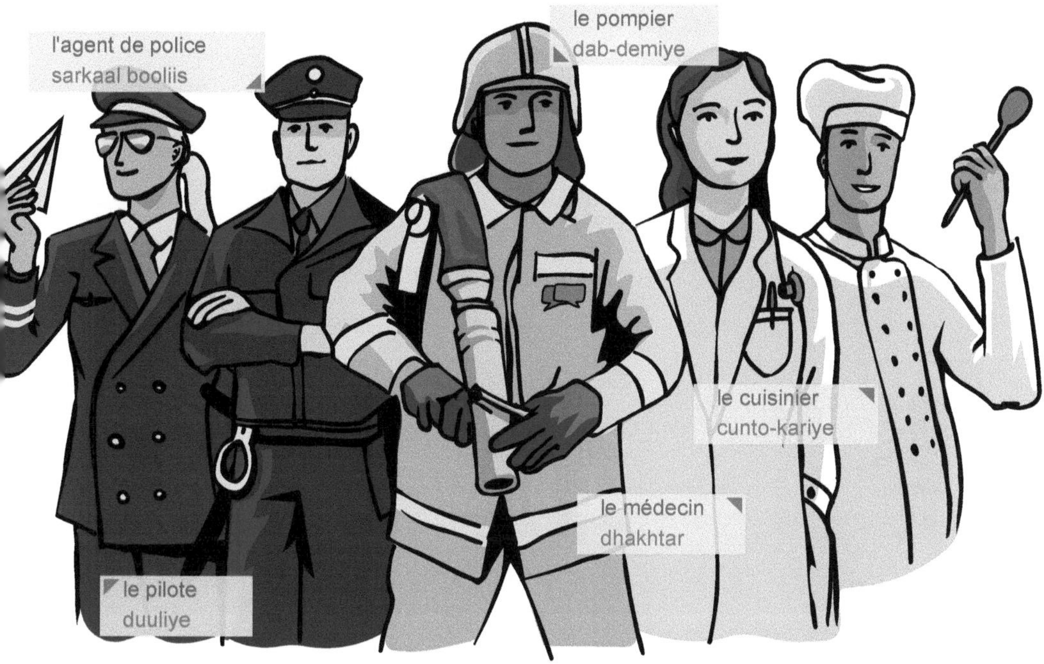

l'agent de police
sarkaal booliis
le pompier
dab-demiye
le cuisinier
cunto-kariye
le médecin
dhakhtar
le pilote
duuliye

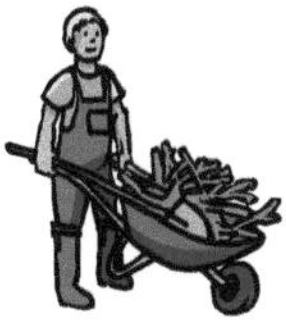

le jardinier

beeralley

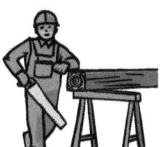

le menuisier

nijaar

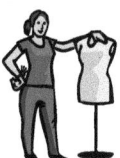

la couturière

timo-qurxiso

le juge

qaaddi

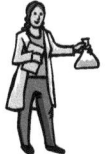

le chimiste

farmashiiste

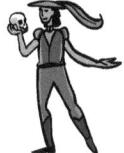

l'acteur

jile

le conducteur de bus

darawal bas

le chauffeur de taxi

taksiile

le pêcheur

kalluumeyste

la femme de ménage

nadiifiso

le couvreur

saqaf-dhise

le serveur

kabalyeeri

le chasseur

ugaarsade

le peintre

rinjiile

le boulanger

rooti-dube

l'électricien

koronto-yaqaan

l'ouvrier

dhise

l'ingénieur

injineer

le boucher

kawaanle

le plombier

tuubbiiste

le facteur

boostaale

le soldat

askari

l'architecte

injineer-dhismo

le caissier

qasnaji

le fleuriste

ubax-yaqaan

le coiffeur

timo-jare

le contrôleur

kiro-uruuriye

le mécanicien

makaanik

le capitaine

kabtan

le dentiste

dhakhtar-ilko

le scientifique

saaynisyahan

le rabbin

wadaad yahuud

l'imam

imaam

le moine

xerow

le prêtre

wadaad

les outils
qalab

le marteau
dubbe
les pinces
biinsi
le tournevis
kashawiito
la clé
kiyaawe
la torche
toosh

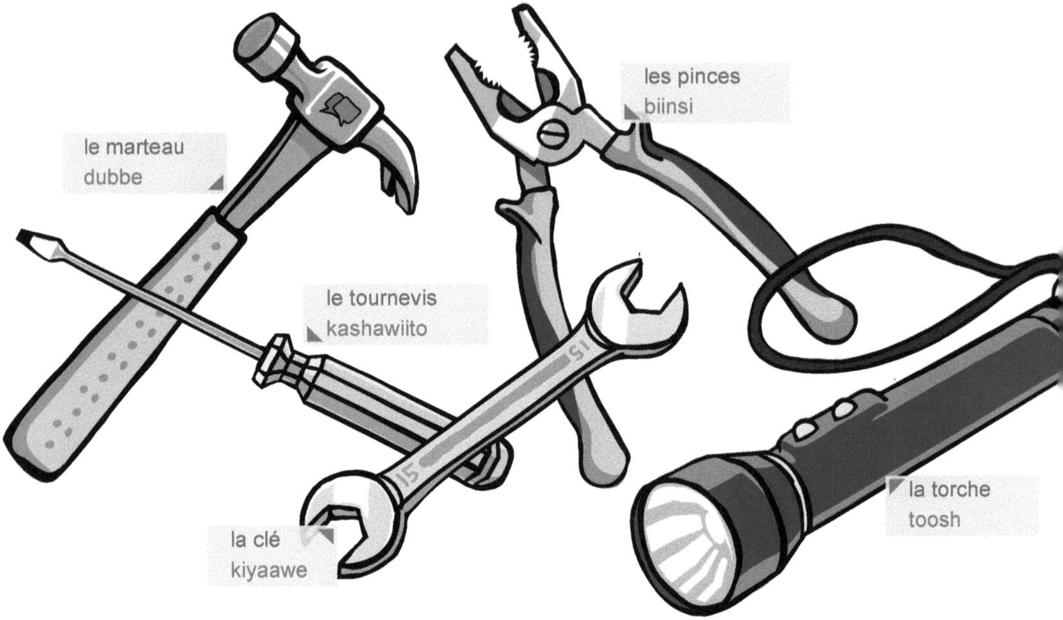

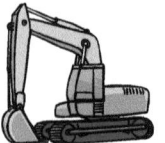

la pelleteuse

dhul-qoddo

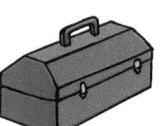

la boîte à outils

qalab-xajiye

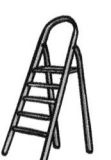

l'échelle

jaraanjaro

la scie

miinshaar

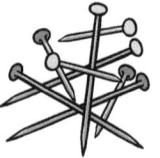

les clous

musbaarro

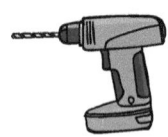

la perceuse

dalooliye

réparer

dayactir

la pelle

badiil

Mince !

inkaar kugu dhacday!

la pelle

bus-xaabiye

le pot de peinture

gasacad rinji

les vis

boolal

les instruments de musique
qalab muusiko

la batterie
digsi

le haut-parleurs
samacad

la guitare
kataarad

la contrebasse
kataarad guux-weyn

la trompette
turumbo

le piano

biyaano

le violon

fiyooliin

la basse

karaarad guux-dheer

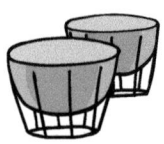

les timbales

durbaan-sheegagle

le tambour

durbaan

le piano électrique

loox-xarfeed-biyaano

le saxophone

turumbo

la flûte

siin-baar

le microphone

makarafoon

l'entrée
irrid

le tigre
shabeel

la cage
qafis

le zèbre
dameer-farow

l'alimentation animale
baad-xayawaan

le panda
baanda

les animaux

xayawaan

l'éléphant

maroodi

le kangourou

kaangaruu

le rhinocéros

wiyil

le gorille

goriille

l'ours

oorso

le chameau

geel

l'autruche

gorayo

le lion

libaax

le singe

daanyeer

le flamand rose

xiita-luga-dheer

le perroquet

baqbaqaa

l'ours polaire

oorso baraf-ku-nool

le pingouin

shimbir baraf

le requin

libaax-badeed

le paon

daa'uus

le serpent

mas

le crocodile

yaxaas

le gardien de zoo

beer-xayawaan ilaaliye

le phoque

bahal kalluun-cun

le jaguar

shabeel-u-eke

le poney

dhal faras

le léopard

harmacad

l'hippopotame

jeer

la girafe

geri

l'aigle

gorgor

le sanglier

doofaar-jilibeey

le poisson

kalluun

la tortue

qubo

le morse

maroodi-badeed

le renard

dawaco

la gazelle

deero

l'american Football
kubadda-cagta maraykanka

le cyclisme
tartanka bashkuleetiga

le tennis
kubbadda miiska

le basket-ball
kubbadda koleyga

la natation
dabaal

la boxe
cayaarta feerka

le hockey sur glace
hookiga barafka lagu dh

le football

kubadda cagta

le badminton

baadminton

l'athlétisme

ciyaaraha fudud

le handball

kubadda gacanta

le ski

iskii/ciyaarta barafka

le polo

cayaar-faras

rire
qosol

sauter
boodid

embrasser
hab-siin

marcher
soco

chanter
hees

rêver
riyo

prier
duceyso

faire la bise
dhunkasho

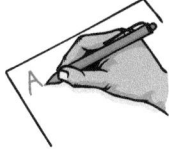

écrire

qorraxeed

dessiner

masawirid

montrer

muuji

pousser

riix

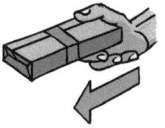

donner

sii

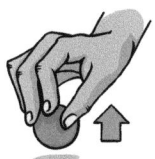

prendre

qaado

avoir

haysasho

faire

samee

être

ahaansho

être debout

istaag

courir

orod

trier

jiid

jeter

tuur

tomber

dhicid

être couché

been-sheegid

attendre

sug

porter

qaad

être assis

fariiso

s'habiller

labiso

dormir

seexo

se réveiller

toos

regarder
....
fiiri

pleurer
....
ooy

caresser
....
dhuftay

peigner
....
shanleyso

parler
....
hadal

comprendre
....
faham

demander
....
weydii

écouter
....
dhageysasho

boire
....
cab

manger
....
cun

ranger
....
habee

aimer
....
jacayl

cuire
....
kari

conduire
....
kaxee

voler
....
duulid

faire de la voile

shiraaco

calculer

xisaabi

lire

akhri

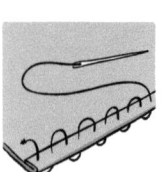

apprendre

barasho

travailler

shaqee

se marier

guurso

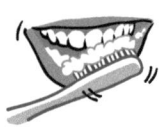

coudre

tol

brosser les dents

cadayso

tuer

dilid

fumer

sigaar cab

envoyer

dir

grand-mère
yeeyo

le grand-père
awoowe

le père
aabbe

la mère
hooyo

le bébé
ilmo

la fille
gabar

le fils
wiil

l'hôte

marti

la tante

eeddo

l'oncle

adeer

le frère

walaal rag

la sœur

walaal dumar

le corps

jir

le front
fool
l'œil
il
le visage
weji
le menton
gar
la poitrine
naas
le doigt
far
la main
gacan
le bras
cudud
l'épaule
garab
la jambe
lug

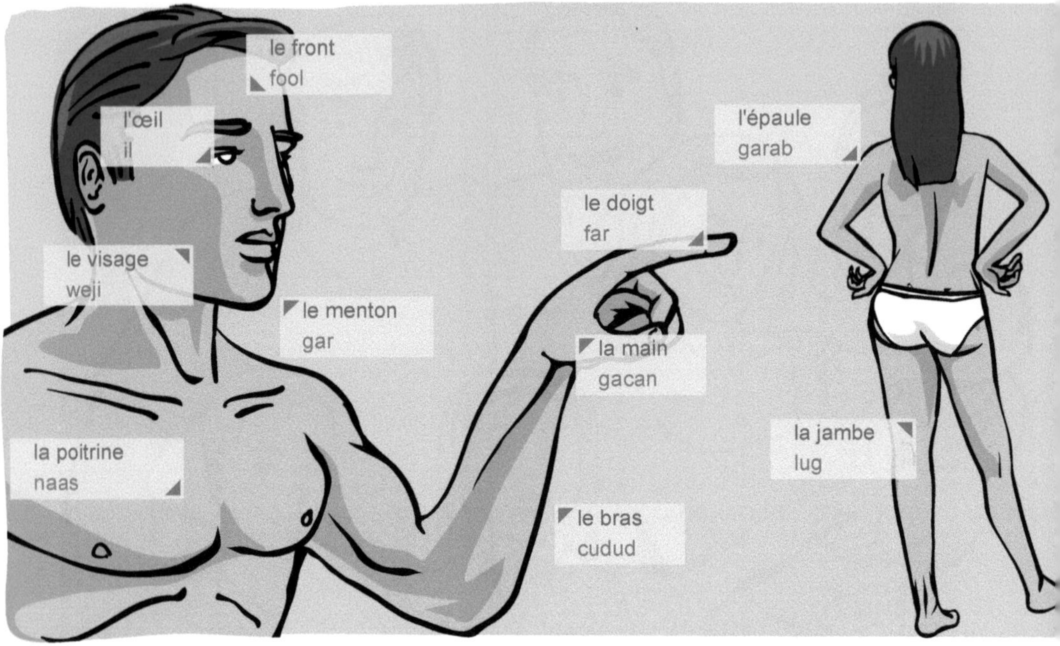

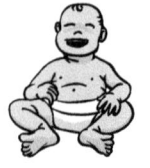

le bébé

ilmo

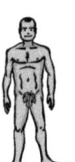

l'homme

nin

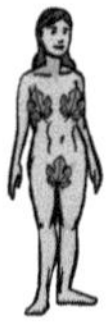

la femme

naag

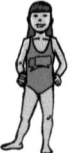

la fille

gabar

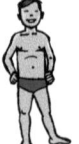

le garçon

wiil

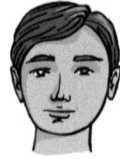

la tête

madax

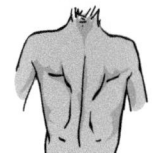

le dos

dhabar

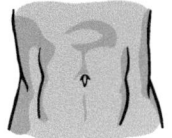

le ventre

calool

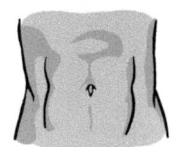

le nombril

xuddun

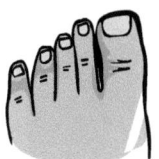

l'orteil

suul

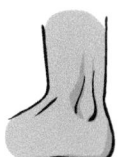

le talon

cirib

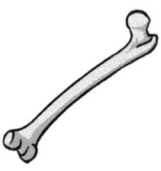

l'os

laf

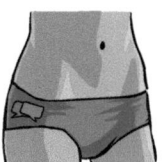

la hanche

sin

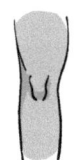

le genou

jilib

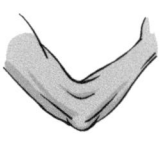

le coude

xusul

le nez

san

les fesses

bari

la peau

maqaar

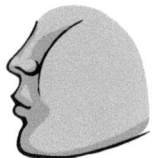

la joue

dhafoor

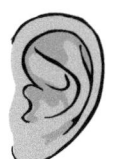

l'oreille

dheg

la lèvre

bishin

la bouche

af

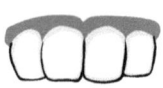

la dent

ilig

la langue

carrab

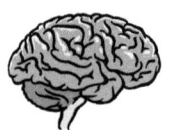

le cerveau

maskax

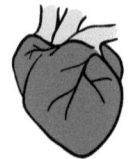

le cœur

wadno

le muscle

muruq

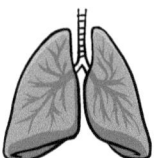

les poumons

sambab

le foie

beer

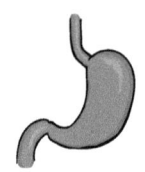

l'estomac

uur kujirta caloosha

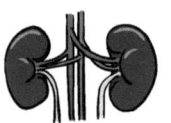

les reins

kelyo

le rapport sexuel

galmo

le préservatif

cinjir-galmo

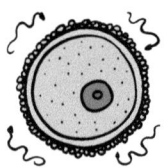

l'ovule

ugxan

le sperme

shahwo

la grossesse

uur

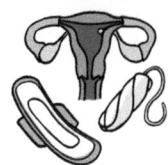

la menstruation
....
caado

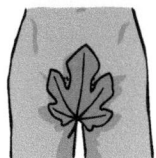

le vagin
....
siil

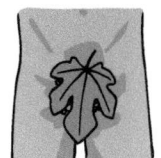

le pénis
....
gus

le sourcil
....
suni

les cheveux
....
timo

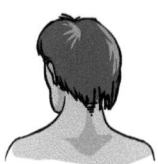

le cou
....
qoor

l'hôpital
isbitaal

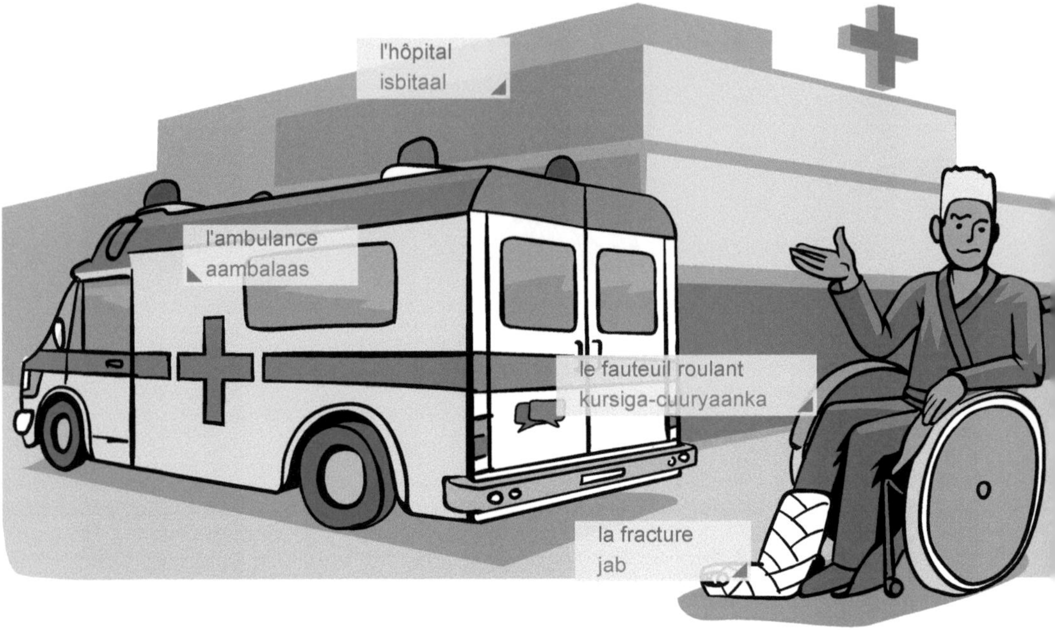

l'hôpital
isbitaal
l'ambulance
aambalaas
le fauteuil roulant
kursiga-cuuryaanka
la fracture
jab

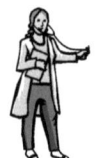

le médecin

dhakhtar

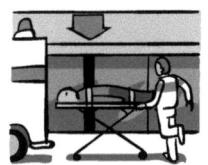

le service des urgences

qolka xaaladaha-degdega ah

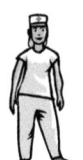

l'infirmière

kalkaaliye

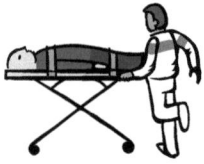

l'urgence

xaalad deg-deg ah

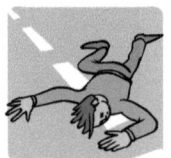

inconscient

miyir-beelsan

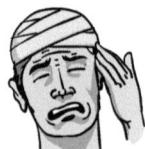

la douleur

xanuun

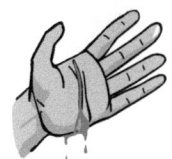

la blessure

dhaawac

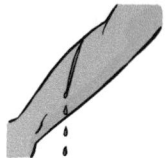

l'hémorragie

dhiig-bax

la crise cardiaque

wadno-xanuun

l'attaque cérébrale

qallal

l'allergie

xasaasiyad

la toux

qufac

la fièvre

qandho

la grippe

hargab

la diarrhée

shuban

le mal de tête

madax-xanuun

le cancer

kansar

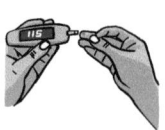

le diabète

cudurka sokoroow

le chirurgien

dhakhtarka-qalliinka

le scalpel

mindida qalliinka

l'opération

qalliin

le CT

iskaan

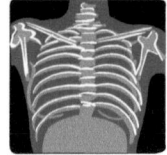

la radiographie

raajo

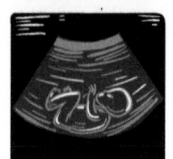

l'échographie

dhawaaq-xawaareed

le masque

maaskaro

la maladie

cudur sokoroow

la salle d'attente

qolka sugitaanka

la béquille

ul lagu boodo

le pansement

kab

le pansement

faashato

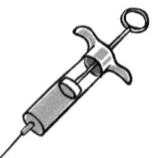

l'injection

duris

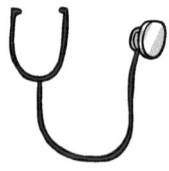

le stéthoscope

wadne-dhegeyeste

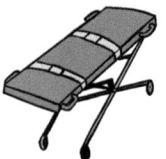

le brancard

balankiino

le thermomètre

heer-kul-beega qandhada

l'accouchement

dhalasho

la surcharge pondérale

aad-u-cayilan

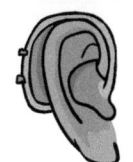

l'appareil auditif

maqal-caawiye

le désinfectant

jeermis-dile

l'infection

caabuq

le virus

feyras

le VIH / le sida

AYDHIS/HIV

le médicament

daawo

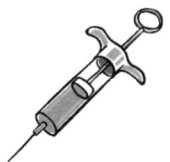

la vaccination

tallaal

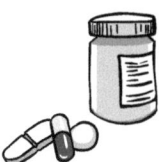

les comprimés

kaniiniyo

la pilule

kaniin

l'appel d'urgence

wicitaan deg-deg ah

le tensiomètre

cabbiraha dhiig-karka

malade / sain

xanuunsan / caafimaadsan

Au secours !

i caawiya!

l'alarme

sawaxan

l'assaut

weerar-kadisa ah

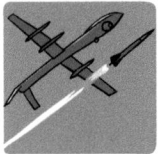

l'attaque

weerar

le danger

khatar

la sortie de secours

irridda bixida xaalad-deg-deg

Au feu!

dab!

l'extincteur

dab demiye

l'accident

shil

la trousse de premier secours

saduuqa xaalada-degdega ah

SOS

codsi badbaado

la police

booliis

l'Europe
Yurub

l'Amérique du Nord
woqooyiga ameerika

l'Amérique du Sud
koonfurta ameerika

l'Afrique
Afrika

l'Asie
Aasiya

l'Australie
Oostareeliya

l'Océan atlantique
Atlaantik

l'Océan pacifique
Pacific

l'Océan indien
Bad-waynta hindiya

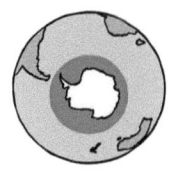

l'Océan antarctique
Bad-waynta antarctica

l'Océan arctique
Bad-waynta arctic

le Pôle nord
cirifka waqooyi

le Pôle sud

cirifka koonfureed

l'Antarctique

Antarctica

la terre

dhul

le pays

dhul

la mer

bad

l'île

jasiirad

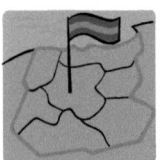

la nation

waddan

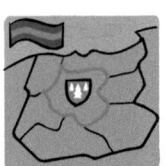

l'état

gobol

le cadran

wajiga saacadda

l'aiguille des heures

gacanka saacada

l'aiguille des minutes

gacanka daqiiqada

l'aiguille des secondes

gacanka ilbiriqsiga

Quelle heure est-il ?

waa intee saac?

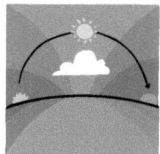

le jour

maalin

le temps

wakhti

maintenant

hadda

la montre digitale

saacadda jiifarrada

la minute

daqiiqad

l'heure

saacad

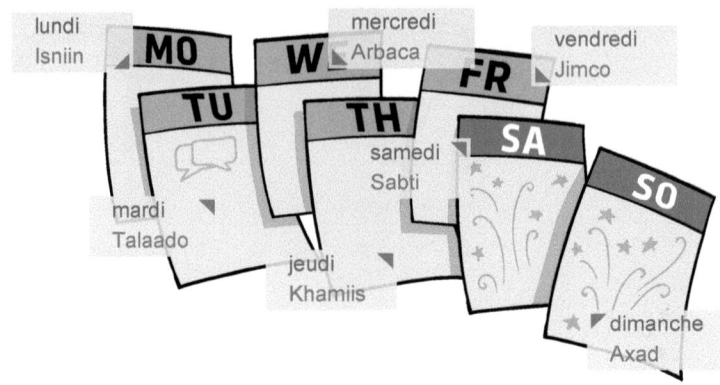

lundi
Isniin

MO

mercredi
Arbaca

W

vendredi
Jimco

FR

TU

TH

SA

SO

samedi
Sabti

mardi
Talaado

jeudi
Khamiis

dimanche
Axad

hier

shalay

aujourd'hui

maanta

demain

berri

le matin

subax

le midi

duhur

le soir

casir

les jours ouvrables

maalmaha shaqo

le week-end

dabayaaqada usbuuca

l'année
sanad

la pluie
roob
l'arc-en-ciel
qaanso-roobaad
la neige
roob-baraf
le vent
dabayl
le printemps
gu'
l'automne
deyr
l'été
xagaa
l'hiver
jiilaal

4.APRIL 11°
5.APRIL 4°
6.APRIL 13°
7.APRIL 8°
8.APRIL 10°

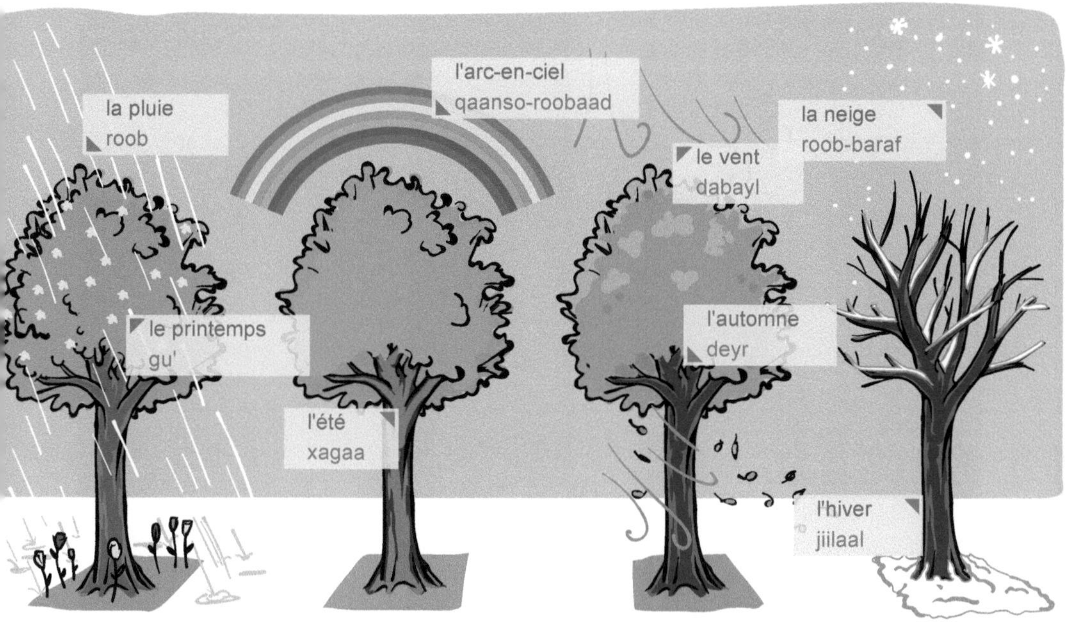

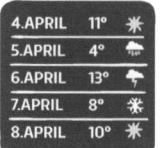

la météo

saadaal hawo

F C
120 90 60 30 0 -30
40 30 20 10 0 -10 -20

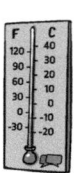

le thermomètre

heer-kul baare

la lumière du soleil

qorraxeed

le nuage

daruur

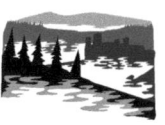

le brouillard

ceeryaamo

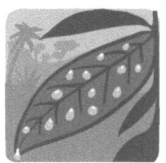

l'humidité

huur

la foudre

jac

la tonnerre

onkod

la tempête

duufaan

la grêle

roob-baraf

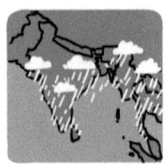

la mousson

maansuun

l'inondation

daad

la glace

baraf

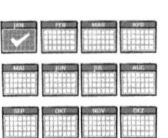

janvier

Jannaayo

février

Febraayo

mars

Maarso

avril

Abriil

mai

Mey

juin

Juun

juillet

Luulyo

août

Agoosto

l'année - sanad

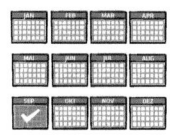

septembre
....
Sebteember

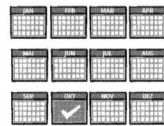

octobre
....
Oktoobar

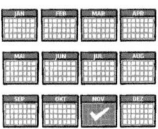

novembre
....
Nofeember

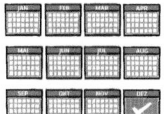

décembre
....
Diseember

les formes
qaababka

le cercle
....
goobaabo

le carré
....
afar-gees

le rectangle
....
leydi

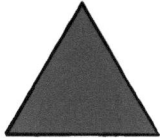

le triangle
....
saddex-xagal

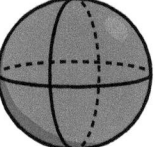

la sphère
....
wareeg

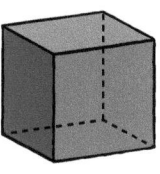

le cube
....
bokis

blanc

caddaan

jaune

hurdi

orange

oranji

rose

guduud-khafiif

rouge

casaan

violet

carwaajis

bleu

bluug

vert

cagaar

marron

boroon

gris

cawl

noir

madow

beaucoup / peu

badan / yar

fâché / calme

caro / daganaan

joli / laid

qurxoon / foolxun

le début / la fin

billow / dhammaad

grand / petit

yar / weyn

clair / obscure

iftiin / mugdi

frère / soeur

walaalkaa / walaashaa

propre / sale

nadiif / wasakhaysan

complet / incomplet

buuxa / dhantaalan

le jour / la nuit

maalin / habeen

mort / vivant

dhintay / nool

large / étroit

ballaaran / ciriiri ah

comestible / incomestible

la cuni karo / aan la cuni karin

méchant / gentil

arxan-daran / naxariis-badan

excité / ennuyé

faraxsan / caajisan

gros / mince

buuran / caateysan

le premier / le dernier

ugu horeeya / ugu dambeeya

l'ami / l'ennemi

saaxiib / cadaw

plein / vide

maran / buuxa.

dur / souple

adag / jilicsan

lourd / léger

culus / fudud

faim / soif

gaajo / oon

malade / sain

xanuunsan / caafimaadsan

illégal / légal

sharci-darro / sharci

intelligent / stupide

caaqil / dabbaal

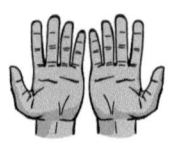

gauche / droite

bidix / midig

proche / loin

dhow / fog

les oppositions - iska-soo-hoorjeeda

nouveau / usé
·················
cusub / duug

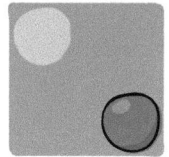

rien / quelque chose
·················
waxba / wax

vieux / jeune
·················
da' / dhalinyar

marche / arrêt
·················
daaris / damin

ouvert / fermé
·················
furan / xiran

faible / fort
·················
aamusnaan / cod-dheer

riche / pauvre
·················
taajir / sabool

correct / incorrect
·················
sax / khalad

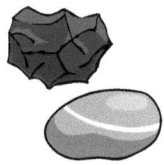

rugueux / lisse
·················
jilif leh / sabiibax

triste / heureux
·················
murugsan / faraxsan

court / long
·················
gaaban / dheer

lent / rapide
·················
tartiib / dhaqsi

mouillé / sec
·················
qoyaan / qalleyl

chaud / froid
·················
qandac / qabow

la guerre / la paix
·················
dagaal / nabad

lambarro

0

zéro

eber

1

un / une

kow

2

deux

laba

3

trois

saddex

4

quatre

afar

5

cinq

shan

6

six

lix

7

sept

toddoba

8

huit

sideed

9

neuf

sagaal

10

dix

toban

11

onze

kow iyo toban

12

douze

laba iyo toban

13

treize

sadex iyo toban

14

quatorze

afar iyo toban

15

quinze

shan iyo toban

16

seize

lix iyo toban

17

dix-sept

todoba iyo toban

18

dix-huit

sideed iyo toban

19

dix-neuf

sagaal iyo toban

20

vingt

labaatan

100

cent

boqol

1.000

mille

kun

1.000.000

le million

malyuun

l'anglais

Af ingiriis

l'anglais américain

Ingiriiska Mareykanka

le chinois mandarin

Mandariinka Shiinaha

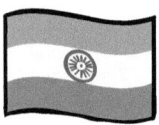

le hindi

Hindi

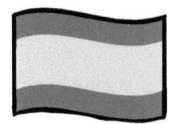

l'espagnol

Boortaqiis

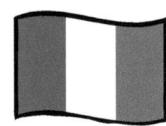

le français

Faransiis

l'arabe

Carabi

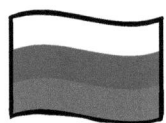

le russe

Ruush

le portugais

Boortaqiis

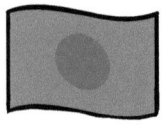

le bengali

Bengaali

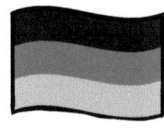

l'allemand

Jarmal

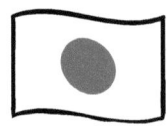

le japonais

Jabaaniis

je

aniga

tu

adiga

il / elle / ce, c', cela

asaga / ayada

nous

annaga

vous

idinka

ils / elles

ayaga

Qui ?

kee?

Quoi ?

maxay?

Comment ?

sidee?

Où ?

xagee?

Quand ?

goorma?

le nom

magac

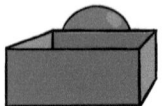

derrière
....
gadaal

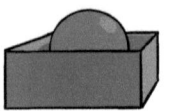

dans
....
gudaha

devant
....
horta

au-dessus
....
ka sare

sur
....
dusha

en-dessous
....
ka hooseeya

à côté de
....
dhinac

entre
....
u dhexeeya

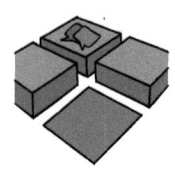

le lieu
....
meel